Heike Wiechmann
Rennfahrergeschichten

Heike Wiechmann

Rennfahrergeschichten

Illustriert von der Autorin

www.leseloewen.de

ISBN 978-3-7855-7579-6
1. Auflage 2013
© 2013 Loewe Verlag GmbH, Bindlach
Umschlagillustration: Heike Wiechmann
Printed in Italy

www.loewe-verlag.de

Inhalt

Tim und das Kartrennen

Tim steht hinter seinem großen Bruder Lukas und schaut über dessen Schulter. Lukas hält seinen Laptop auf den Knien. Über den Bildschirm flitzen drei kleine Rennautos.

„Bist du das

in dem roten Kart?",

fragt Tim neugierig.

Lukas nickt. „Das ist ein Video vom letzten Testlauf. Da bin ich meine Bestzeit gefahren!"

Lukas ist vierzehn und fährt Kartrennen. Karts sind Rennautos – ganz kleine. Viele berühmte Formel-1-Fahrer haben ihre Karriere auf der Kartbahn begonnen.

„Ich will auch mal Kart fahren", sagt Tim.

„Das ist nichts für Zwerge", antwortet Lukas und klappt den Laptop zu.

11

„Ich bin kein Zwerg!",

motzt Tim

und knufft Lukas in die Seite.

Später, beim Abendessen, klingelt das Telefon. Mama geht ran.

„Wie dumm", sagt sie, als sie aufgelegt hat. „Am Wochenende muss ich arbeiten. Meine Kollegin ist krank geworden. Sonntag ist Papa da. Aber Samstag … könntest du da auf Tim aufpassen, Lukas?"

„Dann kann ich endlich mal

mit zur Kartbahn!",

ruft Tim begeistert.

„Oh nee", stöhnt Lukas. „Am Samstag ist das Rennen um den Jugendpokal. Da fahre ich mit. Um den Zwerg kann ich mich dann echt nicht kümmern."

„Es geht nicht anders", sagt Mama. „Tim wird dich bestimmt nicht stören."

12

„Natürlich nicht",
sagt Tim brav.
Hinter Mamas Rücken
streckt er Lukas die Zunge raus.

Am Samstagmorgen stürmt Lukas in Tims Zimmer.
   „Raus aus den Federn!", ruft er und zieht die Vorhänge auf. „Wir müssen los!"
   „Jetzt schon?", murmelt Tim und zieht sich die Decke übers Gesicht. „Es ist erst acht."
   Lukas dreht sich um. „Bleib nur liegen – ich fahre gern allein", sagt er.

„Denkste!", ruft Tim
und springt aus dem Bett.
Schnell zieht er sich an
und trinkt einen Becher Milch.

13

Dann radelt er hinter Lukas her zur Kart-bahn.

Lukas verschwindet gleich in der Um-kleide.

Tim geht zur Kasse und guckt sich die Preisliste an. Mit seinem Taschengeld kann er eine halbe Stunde Kart fahren.

Neben der Kasse hängt eine Mess-latte. „Mindestgröße der Fahrer 1 Me-ter 25", steht daran. Mama hat Tim letzte Woche gemessen.

„So ein Mist",

flucht Tim.

Er ist erst 1 Meter 23.

Zwei Zentimeter zu klein,

um Kart zu fahren!

Tim trottet zum Wagenschuppen. Lukas und Orhan, der Be-sitzer der Kartbahn, beugen sich gerade über Lukas' rotes Kart.

„Ist was kaputt?",

fragt Tim

und stellt sich neben Lukas.

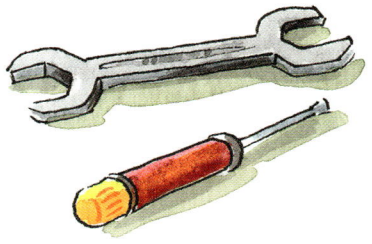

„Nerv nicht", sagt Lukas und schiebt Tim einfach zur Seite.

„Mach dir nichts draus", sagt Orhan zu Tim. „Lukas ist aufgeregt. Der Jugendpokal ist ein wichtiges Rennen. Aus unserem Team hat nur Lukas sich qualifiziert." Lukas nickt. „Sogar ein Talentsucher schaut zu", erzählt er. „Er sucht die besten Nachwuchsrennfahrer."

Orhan gibt Lukas die letzten Anweisungen.

„Denk an die Bodenwelle vor der Südkurve", sagt er. „Fahr sie nicht zu schnell an – sonst schlingerst du."

Und zu Tim meint er: „Lass Lukas jetzt lieber in Ruhe. Er muss sich auf das Rennen vorbereiten."

„Weiß ich doch selbst", brummt Tim ärgerlich. Halten ihn eigentlich alle für ein Baby?

Auf dem Parkplatz vor der Kartbahn treffen jetzt die Fahrer ein. Dreißig Teilnehmer sind für den Jugendpokal gemeldet. Tim schlendert hinüber und schaut sich die Karts an.

„Süßwalds Salzgurken" ist auf ein quietschgrünes Kart geschrieben.

Tim bestaunt den glänzenden Flitzer.

„Der gehört Jan Süßwald", erklärt ein Mann in einer grünen Jacke. „Sein Vater hat eine Konservenfabrik."

Dann fahren die Karts auf die Rennbahn und stellen sich auf dem Startfeld auf. Vor dem Rennen gibt es ein Zeittraining. Wer dabei die schnellste Runde fährt, startet im Rennen an erster Stelle.

Jan Süßwald gewinnt.

„Gegen den hat Lukas bestimmt keine Chance", denkt Tim.

Egal – Lukas ist sowieso der blödeste Bruder der Welt!

„Die Fahrer bitte an den Start", quäkt ein Lautsprecher.

Die Zuschauer drängen sich an der Rennstrecke.

„Von wo kann ich am besten sehen?", denkt Tim und läuft an der Absperrung entlang.

Ganz hinten in der Südkurve steht ein Baum. Tim klettert auf einen Reifenstapel und von dort auf den untersten Ast. Klasse! Von hier überblickt er die ganze Piste.

Gerade verlöschen die Lichter der Startampel. In einem dichten Pulk brettern die Karts auf die Strecke.

Die Salzgurke setzt sich an die Spitze, gefolgt von einem roten Kart. Es ist Lukas. Vor der Südkurve zieht Lukas nach innen. Mit quietschenden Reifen schießt er an Süßwald vorbei und geht in Führung!

Doch Süßwald holt wieder auf, dicht gefolgt von einem Mädchen in einem gelben Kart.

Tim kichert.

„Rennhuhn" steht auf dem Kart.

Stoßstange an Stoßstange rasen das Rennhuhn und die Salzgurke hinter Lukas her. Immer weiter setzen sich die drei Spitzenreiter vom Feld ab. Bald haben sie fast eine ganze Runde Vorsprung. Blauer Dunst liegt über der Strecke, die Luft riecht nach Benzin.

„Lukas vor!", feuert Tim seinen Bruder an.

Doch in der siebten Runde übernimmt das Rennhuhn die Führung. Lukas verbremst sich. Das sieht Jan Süßwald. Er gibt Gas, klemmt sich neben Lukas und drängt ihn von der Fahrbahn.
„Buuh!", ruft jemand aus dem Publikum.

Tim hält die Luft an.
Lukas schlingert über den Kies
und fällt weit zurück
auf Platz drei.

Jetzt liegt das gelbe Kart an der Spitze. Dicht gefolgt von der grünen Gurke jagt es über die Bahn. Auf der langen Geraden setzt Jan Süßwald zu einem Überholmanöver an. Er rempelt das Rennhuhn und zieht an ihm vorbei.

Tim schreit auf.

Direkt unter ihm kreiselt das gelbe Kart über die Strecke, schießt in die Bodenwelle und kracht in einen Reifenstapel. Die Fahrerin fliegt aus dem Cockpit. Mitten auf der Piste bleibt sie liegen.

   Und da kommt Lukas angerast – direkt auf das Mädchen zu!

**Tim springt vom Baum
auf den Reifenstapel.
„Stopp, Lukas!",
brüllt er und wedelt
mit den Armen.**

Lukas schaut hoch und reißt das Lenkrad herum. Bremsen quietschen, dann steht Lukas – nur wenige Zentimeter vor dem Mädchen!

Lukas springt aus dem Kart und zieht das Mädchen von der Piste. In letzter Sekunde. Schon rasen die Verfolger an ihnen vorbei.

Das Mädchen setzt sich auf. „Alles in Ordnung", murmelt es.

„Los, fahr weiter!",

drängt Tim seinen Bruder.

„Du warst super!"

Lukas guckt ihn an. Wortlos steigt er in sein Kart und jagt dem Feld hinterher. Doch es sind nur noch zwei Runden zu fahren. Weit abgeschlagen landet Lukas auf dem letzten Platz.

Den ersten Platz macht die Salzgurke. Winkend klettert Jan Süßwald aufs Siegertreppchen.

„Natürlich der", knurrt Lukas und lässt die Schultern hängen.

Plötzlich tut er Tim leid.

„Für mich bist du der Beste",

sagt er.

„Für mich auch", sagt eine Stimme hinter ihnen.

Tim und Lukas drehen sich um. Da stehen Orhan und ein Mann mit einem Notizbuch in der Hand.

„Schulz von der Formel-1-Stiftung", stellt der Mann sich vor. „Ich möchte dich einladen – zu einem Probetraining auf dem Nürheimring."

„Wieso mich?", stammelt Lukas verwirrt. „Ich bin Letzter geworden."

„Deine Rundenzeiten waren super", sagt Schulz. „Du hättest gewinnen können. Trotzdem hast du angehalten und einer verletzten Fahrerin geholfen. Das zählt mehr als der erste Platz."

„Nürheimring!",

ruft Tim stolz.

„Lukas, du Glückspilz!"

21

Orhan legt den Arm um Tim. „Ohne dich wäre der Unfall schlimm ausgegangen", sagt er. „Dafür darfst du einen Monat umsonst Kart fahren. Hast du Lust?"

Tim schaut auf seine Fußspitzen.

„Ich darf nicht Kart fahren",

murmelt er.

„Ich bin noch zu klein."

Er zieht die Sandalen aus und stellt sich an die Messlatte.

Lukas, Orhan und Schulz lachen.

„Kart fährt man doch nicht barfuß", prustet Lukas. „Mit Schuhen bist du groß genug."

Hastig schlüpft Tim in seine Sandalen. Jetzt liegt der Messbalken auf seinem Kopf.

„1 Meter 25", sagt Orhan. „Ganz genau."

Tims Herz macht einen Hopser.

„Ich darf Kart fahren!",

jubelt er.

Glücklich knufft er Lukas

in die Seite.

„Wetten, ich bin bald

schneller als du?"

Verschwörung bei der Formel 1

Leos Vater arbeitet bei der Formel 1. Beim Rennstall Fixx kümmert er sich um die Computer. In den Schulferien darf Leo manchmal zu den Rennen fahren.

„Nächstes Wochenende
besuche ich Papa
auf dem Hockenburgring",
sagt Leo zu seinem Freund Malte.

„Du hast es gut", sagt Malte neidisch. „Dann triffst du bestimmt Basti Schuster."

Leo nickt. Der berühmte Rennfahrer Basti Schuster fährt seit dieser Saison für den Rennstall Fixx.

„Bestimmt wird Schuster dieses Jahr Weltmeister", sagt Leo.

„Bringst du mir ein Autogramm mit?", fragt Malte.

Leo verspricht es.

Endlich ist es so weit. Papa holt Leo am Eingang des Fahrerlagers ab. Hier wohnen die Formel-1-Teams während des Rennens.

„Basti Schuster und Fernando Como von Mac Maren liegen punktmäßig gleichauf", sagt Papa. „Wenn Basti morgen gewinnt, übernehmen wir zum ersten Mal in diesem Jahr die Führung."

Leo nickt.

Das hat er alles schon

im Radio gehört.

Papa sagt immer „wir". Denn für den Rennstall Fixx arbeitet ein ganzes Team von Mechanikern, Technikern und Entwicklern. Und nur, wenn alle ihr Bestes geben, kann Basti Schuster das Rennen gewinnen.

„Guck mal, da drüben ist er", sagt Papa zu Leo.

Vor einem großen Lastwagen steht der berühmte Rennfahrer. Er sieht nett aus, findet Leo.

„Ich hole mir gleich
ein Autogramm",
sagt Leo.

Aber Papa hält ihn zurück. „Später", meint er. „Jetzt hat Basti
Fitnesstraining. In dem Laster ist nämlich ein richtiges Sport-
studio."

Nach dem Fitnesstraining kommen Leute von einem Radio-
sender. Basti gibt ein Interview für eine Sportsendung. Gleich
darauf dreht das Fernsehen einen Bericht über ihn.

Alle wollen wissen, wie Basti sich die Führung verschaffen
will.

Leo wartet und wartet.

Doch danach berät sich Basti mit Luca, dem Teamchef, und seinen Mechanikern. Und hinterher kommt wieder so ein Kamerateam.

„Ich muss zur Boxengasse", sagt Papa. „Das Rennen beginnt bald."

Während des Rennens sitzt Leos Papa im Kommandostand neben der Box des Rennstalls. Dort wertet er Basti Schusters Rundenzeiten aus. Leo darf sich das Rennen von der Tribüne aus anschauen.

Als Leo am Verpflegungszelt vorbeikommt, stutzt er. Nun, kurz vor dem Rennen, ist das Zelt fast leer. Nur ein Mann steht noch am Tresen. Es ist Basti Schuster.

„Jetzt!", denkt Leo.
Er zieht seine Autogrammkarten
aus der Tasche
und schlängelt sich
durch die Tische.

Aber schon kommt ein Mann mit einem Haufen Zettel und beginnt, auf Basti einzureden.

Leo setzt sich auf einen Stuhl und wartet.

„Verschwinde!", knurrt ein Kellner.

Leo hat ihn noch nie gesehen.

„Was hat der nur?", denkt Leo.

Sonst sind alle im Rennstall

total nett.

Leo geht zum Ausgang.

„Eine Brause, bitte!", ruft der Rennfahrer gerade dem Kellner zu. Der verschwindet in der Küche.

Durch die Tür sieht Leo,
wie der Kellner
Wasser in ein Glas gießt.

Aus einer lila Schachtel schüttet er Pulver dazu. Das Wasser braust auf.

Leo stutzt. Die Limonade für das Rennteam steht doch im großen Kühlschrank neben der Spüle. Ist die etwa alle?

Der Kellner bringt Basti das Glas. Der Rennfahrer trinkt in großen Schlucken. Dann eilt er mit dem Zettelmann davon.

„Die Fahrer bitte
zu ihren Wagen",
tönt es aus den Lautsprechern.

In fünf Minuten beginnt das Rennen. Auf
einmal merkt Leo, dass er auch Durst
hat. Er schleicht zur Küchentür. So
ein Glück – der doofe Kellner ist
nicht mehr da.

Leo öffnet den Kühlschrank.
Dort stehen mindestens noch
20 Flaschen Limo. Vor dem
Hinterausgang liegt eine
zerknüllte Kellnerschürze.
Und die lila Schachtel.

Leo hebt sie auf.
Die Schachtel ist leer.
„Laxex – gegen Verstopfung"
steht darauf.

31

So was hat Leo auch mal bekommen. Auf Maltes Geburtstag hatte er sieben Würstchen gegessen. Noch zwei Tage später hatte er Bauchweh. Das Mittel schmeckte süß. Wie Brause. Danach grummelte und blubberte es in seinem Bauch und Leo konnte endlich aufs Klo.

Leo erschrickt.
Spätestens in einer halben Stunde
muss Basti furchtbar auf Toilette.
Genau während des Rennens!

Leo läuft zur Rennstrecke. Zu spät! Motoren heulen auf, das Rennen startet.

Aber Leo achtet gar nicht darauf.
Er muss Basti warnen.

Leo läuft weiter zur Boxengasse.

Im Kommandostand hinter der Boxenmauer sitzen Papa, Luca und die Ingenieure des Teams Fixx. Gebannt starren sie auf die Bildschirme vor ihnen.

Eine Frau in Uniform steht vor dem Kommandostand. Es ist Hanna vom Sicherheitsdienst. Leo kennt sie schon lange.

„Leo, du kannst hier nicht rein während des Rennens", sagt Hanna streng.

„Es ist ein Notfall!", ruft Leo.

Er stürmt

an der verdutzten Hanna vorbei

und zupft den Teamchef am Ärmel.

Luca lässt den Blick nicht vom Bildschirm. „Raus hier!", zischt er.

„Du hast hier jetzt nichts zu suchen", schimpft auch Papa. Da packt ihn schon Hanna an den Schultern.

„Luca, bitte!", ruft Leo.

„Es ist wichtig!"

Basti hat …!"

Plötzlich dröhnt Basti Schusters Stimme aus dem Lautsprecher. „Mir ist übel", stöhnt der Rennfahrer. „Au, mein Bauch!"

Leo reißt sich los und hält Luca die lila Schachtel vor die Nase.

„Jemand hat Basti was ins Getränk gemischt", ruft er verzweifelt. „Ein Abführmittel!"

Luca starrt auf die Schachtel. Dann geht alles ganz schnell. „Boxenstopp – sofort!", brüllt der Teamchef. Er springt auf und stürzt zur Box.

Leo, Papa und Hanna laufen hinterher.

Ein paar Sekunden später schießt Bastis Flitzer in die Boxengasse. Mit quietschenden Reifen hält er vor der Box von Fixx, springt aus dem Cockpit und rennt zur Toilette.

Luca telefoniert mit zwei Handys gleichzeitig.

„Schnell, einen Arzt!", brüllt er in das eine. „Das Rennen muss abgebrochen werden!", brüllt er in das andere.

Leos Papa klopft an die Toilettentür.

„Es geht schon besser", kommt Bastis Stimme von drinnen.

„Wie sah der Mann aus?", fragt Hanna.

„Er war groß und dünn",
erinnert sich Leo.
„Und er hatte einen Bart."

Der Sicherheitsdienst durchsucht das ganze Gelände. „Keine Spur von ihm", berichtet Hanna eine halbe Stunde später.

„Bestimmt ist er
von einem anderen Team",
vermutet Leo.
„Er wollte Basti ausschalten."

Luca hebt die Hände. „Das werden wir wohl nie herausfinden", sagt er. Dann klingelt sein Handy.

„Das war die Rennleitung. Der Start wird in einer Stunde wiederholt", verkündet der Teamchef zufrieden.

Diesmal sitzt Leo
neben Papa und Luca
im Kommandostand.

Jeder Abschnitt der Rennstrecke ist auf den Bildschirmen zu sehen. Ein Computer überträgt sogar die Bilder aus Bastis Helmkamera.

Noch in der Startrunde setzt Basti sich hinter Fernando Como auf Platz zwei.

„Hurra!", brüllt Leo.
„Basti vor!"

Luca lacht. „Willst du mal mit ihm sprechen?" Der Teamchef setzt Leo seinen Kopfhörer auf.

„Viel Glück, Basti!",

sagt Leo ins Mikrofon.

Im Kopfhörer rauscht und knackt es. „Drück mir die Daumen", antwortet der Rennfahrer.

Und das macht Leo. Aufgeregt verfolgt er das Rennen. Fernando Como rast wie ein Blitz über die Strecke. Doch Basti ist ihm dicht auf den Fersen.

Endlich: In der 50. Runde zieht Schuster an Como vorbei und fährt mit einer Wagenlänge Vorsprung ins Ziel.

Der ganze Rennstall

tobt vor Freude.

Am lautesten jubelt Leo.

Basti steht ganz oben auf dem Siegerpodest. Plötzlich winkt er Leo zu.

„Ohne dich wäre dieses Rennen für mich vorbei gewesen", sagt er.

Luca hebt Leo hoch und stellt ihn neben Basti auf das Podest. Eine blonde Frau reicht dem jungen Rennfahrer eine riesige Flasche.

Basti zwinkert Leo zu.
Was jetzt kommt,
gehört zu jeder Siegesfeier
bei der Formel 1.

Gemeinsam schütteln Leo und Basti
die Flasche. „Flopp!" Der Korken fliegt
heraus und Leo und Basti spritzen den
Sekt über das ganze Team. Alle lachen
und johlen.

„Bestimmt sitzt Malte jetzt vor dem Fernseher",
denkt Leo und winkt in die Kameras.
Basti Schuster verteilt Autogramme.
„Möchtest du auch eines?", fragt er Leo.

„Kann ich zwei haben?",
fragt Leo.
„Eines für Malte
und eines für mich."

40

Der Rennfahrer lacht. „Für deine ganze Schulklasse, wenn du möchtest", sagt er. „Und heute Abend fahren wir beide gemeinsam eine Runde auf der Rennstrecke."

Leo schaut auf Bastis Flitzer.
Das Cockpit hat nur einen Sitz.

„Nicht in dem", sagt Basti. „In einem Trainingswagen. Der hat zwei Sitze. In so einem Wagen machen alle Rennfahrer ihre ersten Erfahrungen. Der geht ab wie eine Rakete." Der Rennfahrer schaut Leo an. „Oder hast du etwa Angst?"

„Nee", sagt Leo und grinst.
„In die Hose
mache ich mir
bestimmt nicht!"

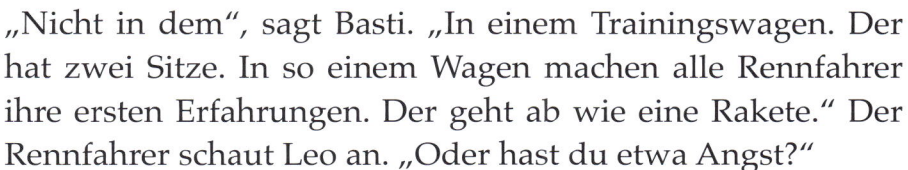

Die Wette

Eddie Rand, der junge Rennpilot, tastet nach seinem Glücksbringer. In einer Stunde beginnt sein allererstes Rennen in der Formel 1.

„Du schaffst das schon, Eddie", sagt Teamchef Iwan. Er klopft auf die Verkleidung des blauen Rennautos. „Unser Wagen ist top zuverlässig. Und du startest von Platz eins."

Der junge Rennfahrer nickt.

Die Vorrunde gestern Nachmittag hat er mit einem sicheren Vorsprung gewonnen. Aber ob das Rennen heute auch so glatt läuft?

**Eddies Herz klopft vor Aufregung
wie ein Zweitaktmotor.
Unruhig läuft er
in der Boxengasse auf und ab.**

Vor Rennstall Laubers Box steht ein Kamerateam. Die rothaarige Reporterin interviewt gerade Ben Weber. Der schnelle Ben ist der erfolgreichste Fahrer der Formel 1.

Eddie bleibt stehen und hört zu.

„Natürlich werde ich auch dieses Rennen gewinnen", prahlt der schnelle Ben gerade. „Der Pokal ist mir so gut wie sicher. Wie Sie bestimmt wissen, habe ich die weltgrößte Sammlung aller Formel-1-Pokale. Alle selbst gewonnen. Ich …"

„Einen Moment, Herr Weber", unterbricht ihn die rothaarige Reporterin. „Ich sehe gerade, dass Eddie Rand gekommen ist. Herr Rand, bitte ein paar Worte zu unserem Fernsehpublikum!", ruft sie.

„Gern", sagt Eddie.
Schüchtern blickt er
in die Kamera.

„Der Formel-1-Neuling Eddie Rand hat sich völlig überraschend die Poleposition gesichert", erzählt die Reporterin.

„Pah, das war Zufall", tönt der schnelle Ben. „Anfängerglück – und sonst nichts."

„Wirklich Zufall?", fragt die Reporterin. „Eddie, wie erklären Sie sich Ihren sensationellen Sieg in der Vorrunde?"

„Ich weiß nicht",
stottert er.
„Vielleicht liegt es
an meinem Glücksbringer."

„Ein Glücksbringer!", sagt die Reporterin. „Zeigen Sie uns den?"
   Eddie wird knallrot. Verlegen zieht
er ein kleines Stoffkänguru aus der
Tasche. Es hat einen blauen Renn-
overall an – genau wie Eddie.

„Das ist Öli",
murmelt Eddie.
„Er ist bei jedem Rennen dabei."

„Öli – wie niiiedlich", wiehert Ben Weber.

„Wird Ihr Glücksbringer Ihnen heute den Sieg bringen?", fragt die Reporterin.

Eddie zuckt mit den Schultern.
„Die anderen Piloten
haben viel mehr Erfahrung
als ich."

„Genau", höhnt Ben. „Das schaffst du nie. Darauf verwette ich alle meine Pokale. Meine ganze Sammlung – gegen dein komisches Spielzeug!"

„Eine Wette", sagt die rothaarige Reporterin. „Wie span-
nend. Eddie, nehmen Sie die Wette an?"

Der schnelle Ben lacht gemein. „Na los!", ruft er. „Oder
taugt dein Glücksvieh nichts?"

Eddie wird knallrot.
„Klar taugt es was",
zischt er wütend
und streckt Ben
die Hand hin.
„Die Wette gilt!"

Dann sitzt Eddie im Wagen und starrt auf die Startampel. In seiner linken Brusttasche steckt Öli. Ben Webers schwarzer Ferrari steht direkt hinter ihm.

„Wir schaffen das, Öli",
murmelt Eddie.

Die Startampel erlischt. Blaue Dunstwolken steigen auf – mit ohrenbetäubendem Lärm schießen die Rennwagen auf die Piste.

Eddie kommt blitzschnell
vom Start weg.
Schon nach der ersten Runde
liegt ein großer Abstand
zwischen ihm
und seinen Verfolgern.

„Eddie Rand fährt ein Spitzenrennen", berichtet die rothaarige Reporterin. „Doch jetzt nimmt Ben Weber die Verfolgung auf."

Langsam schiebt sich Webers schwarzer Ferrari nach vorn. In der dritten Runde verpasst Eddie die Ideallinie in der Ostkurve. Weber nutzt die Chance und zieht vorbei.

Doch Eddie lässt sich

nicht abschütteln.

Dicht klemmt er sich

hinter Ben.

Fast berühren sich die Reifen der beiden Wagen.

Eddie versucht, von innen zu überholen. Doch Ben Weber zieht seinen Wagen im letzten Moment rüber und bremst Eddie aus. Eddies Wagen schlingert gefährlich über den Kiesstreifen.

„Spinnt der?", schimpft Eddie.

Um ein Haar wäre er

in die Absperrung

vor der Tribüne geknallt!

Eddie denkt an Öli. Das kleine Stoffkänguru hat ihm sein Vater vor seinem ersten Kartrennen geschenkt. Seitdem ist Öli bei jedem Rennen dabei. Wenn Ben gewinnt – dann ist Eddie seinen Glücksbringer los!

Eddie greift das Lenkrad fester.
Er lässt den Motor aufheulen
und gibt Gas.
Wie eine Rakete fliegt sein Wagen
über die Strecke.

„Super Rundenzeit", lobt Iwan über Funk.

Bens Vorsprung schrumpft. Bald klebt Eddie wieder an seinem Heck. Ben Weber wird nervös. Die nächste Kurve fährt er zu steil an.

Blitzschnell schert Eddie aus und überholt.

Mit 180 Sachen schießt er aus der Kurve und fährt einen riesigen Vorsprung heraus. Doch der schnelle Ben gibt nicht auf. In Eddies Windschatten lauert er auf eine Gelegenheit zum Überholen.

Uneinholbar für die anderen Wagen rasen die beiden über die Piste.

„Tankstopp in der nächsten Runde", hört Eddie Teamchef Iwan über Sprechfunk sagen.

Eddie schüttelt den Kopf.

„Ich fahr durch",

antwortet er.

„Das Benzin reicht."

Hoffentlich.

Eddies Wagen schießt über die Rennstrecke. In der 43. Runde fährt Ben Weber in die Box. 15 Sekunden Vorsprung für Eddie! Ben hat getankt. Sein Wagen ist jetzt schwerer – und langsamer. Eddies Tank ist fast leer – und sein Wagen dadurch schneller.

Immer größer
wird Eddies Abstand.
Nur noch eine Runde zu fahren.

„Du schaffst es, Eddie!", dröhnt der Teamchef in Eddies Kopfhörer. „Ben liegt 50 Sekunden hinter dir!"
 Der Frontspoiler des Wagens vibriert, als Eddie auf die Ziel-
gerade einbiegt.

Jetzt noch einmal Vollgas!
Eddie tritt aufs Gaspedal.

Aber was ist das? Der Wagen reagiert nicht. Der Motor stottert. Immer langsamer wird Eddies blauer Flitzer – und bleibt schließlich am Rand der Piste stehen.

„Was ist los, Eddie?", dröhnt Iwans Stimme aus dem Kopfhörer.

„So ein Mist!", ruft Eddie.
Wütend schlägt er
aufs Lenkrad.
Das Benzin ist alle –
zehn Meter vor dem Ziel!

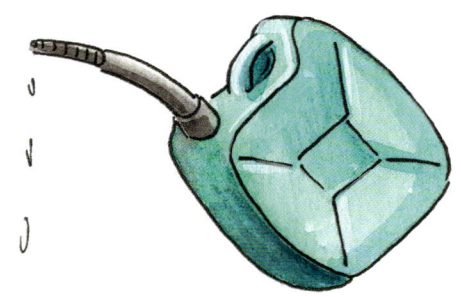

Verzweifelt klettert er aus dem Cockpit und blickt sich um. Hinter ihm rast Ben Webers schwarzer Wagen auf die letzte Kurve zu.

Eddie tastet nach Öli.

„Der kriegt dich niemals", knurrt er.

Er greift das Lenkrad

und stemmt sich

gegen das Auto.

Langsam setzt der Rennwagen sich in Bewegung. Im Schritttempo rollt er auf die Ziellinie zu.

„Eddie, Eddie!", brüllen seine Fans von der Tribüne. Immer näher kommt Ben Weber. Eddie schiebt und schiebt. Noch vier Meter, noch drei, noch zwei …

Eddie springt ins Cockpit

und sein Wagen rollt ins Ziel –

eine halbe Sekunde

vor Ben Weber!

„Sieger ist: Eddie Rand!", tönt es aus den Lautsprechern. Kamerateams umringen Eddies Rennwagen. Seine Fans jubeln und schwenken blaue Fahnen. Erschöpft klettert Eddie aus dem Cockpit. Teamchef Iwan und die Mechaniker heben ihn hoch und werfen ihn in die Luft. „So ein Tag, so wunderschön wie heute", singen sie. Und alle Fans singen mit.

Dann steht Eddie
auf dem Treppchen.
Ganz oben.
Wie im Traum nimmt er
den glänzenden Pokal entgegen.

„Was für ein spannendes Rennen, liebe Zuschauer", ruft die rothaarige Reporterin. „Herzlichen Glückwunsch, Eddie! Sie haben das Rennen gewonnen! Und die Wette. Ben Webers berühmte Pokalsammlung gehört jetzt Ihnen."

Eddie zieht Öli

aus seiner Brusttasche und

dreht sich zu Ben.

Der berühmte Rennfahrer steht neben ihm. Eine Stufe tiefer. Auf Platz zwei.

Der schnelle Ben lässt die Schultern hängen. „Darf ich wenigstens einen Pokal behalten?", schnieft er. „Den von meinem allerersten Rennen? Das … das ist nämlich mein Glücksbringer."

Eddie schaut auf Öli.

Und auf den glänzenden Pokal.

„Pah", sagt er.

„Deine ollen Pötte

brauche ich gar nicht."

„D…darf ich sie behalten?", stottert der schnelle Ben. „Alle?"

Eddie greift den Pokal. Er setzt Öli hinein und hebt ihn hoch über seinen Kopf.

„Von heute an
sammle ich selbst Pokale",
jubelt er.
„Und mein Glücksbringer
hilft mir dabei!"

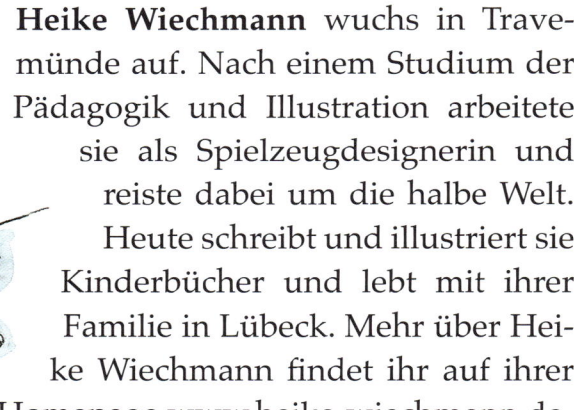

Heike Wiechmann wuchs in Travemünde auf. Nach einem Studium der Pädagogik und Illustration arbeitete sie als Spielzeugdesignerin und reiste dabei um die halbe Welt. Heute schreibt und illustriert sie Kinderbücher und lebt mit ihrer Familie in Lübeck. Mehr über Heike Wiechmann findet ihr auf ihrer Homepage www.heike-wiechmann.de.

Erlebe weitere Abenteuer zum Vor- und Selbstlesen!

ISBN 978-3-7855-7435-5

„Zuerst lese ich für dich, dann liest du für mich." –
Wer mit seinem Kind gemeinsam eine Geschichte liest,
wird schnell merken, wie viel Spaß das macht und
wie leicht dem Nachwuchs das Lesen plötzlich fällt. Die
Reihe *Ich für dich, du für mich* verfolgt genau diesen
Ansatz. Kinder schlüpfen in die Rolle einer sympa-
thischen Figur und lesen kurze, einfache Textpassagen,
während die Erwachsenen die längeren Abschnitte
der Geschichte übernehmen. Gemeinsam geht eben
vieles leichter, auch das Lesen!